笑うリーダー

リーダーシップが身につく24のヒント

伊東伸

ダイヤモンド社

まえがき

近年、自分から動いてチームを引っ張っていこうという人と出会うことが、めっきり少なくなったように感じています。「ようし、ここはオレの出番だ」「この件、私のプランでやってみようよ」——そんな若者にはなかなかお目にかかりません（いや、若者に限ったことではないのですが）。この傾向は、社会にとっても企業にとっても、いいことのように思えません。リーダーが不在では、チームが活力を失うことは明らかだからです。

それならいっそ、自分で「リーダーのすすめ」を書いて、リーダーの面白さ、大切さを知ってもらったらどうだろう。そんなことを考えていたら、幼いころに友だちと遊んだ記憶がよみがえってきました。

近所の友だちやクラスメートが何人か集まると、何をしようか、どこへ行こうか、誰を仲間に誘おうとか、物事を決める必要が生じたものです。

鬼ごっこ、草野球……、みんながやりたいことを言っているだけでは、てんでんばらばら、なかなか結論がまとまりません。そんなとき、仲間の中に自分が決めてやろうと「まとめ役」を買って出る子がいませんでしたか？

そんなとき僕は、こうしたら面白くなるぞ、みんなが喜ぶんじゃないかと思って、自分からチームの中心に出ていかずにいられませんでした。思い返すと、あれが僕のリーダーシップの「芽生え」だったのかもしれません。

小学生のころは草野球をやっていましたが、そのころから誰かの後についていくより、自分が引っ張っていく気持ちは強かったと思います。当時の草野球は、「言い出しっぺ」がリーダーになって仲間を集めたものでした。僕もその口でした。

今でこそ僕は、４つの事業会社を束ねるロキグループというホールディングカンパニーを率いていますが、子どものころから大きくなったら社長になる！と思っていたわけではありません。

自分がいる場面はとにかく楽しくしたいと思いませんか。誰だってそうでしょう？　だったら楽しくしちゃおうと、自分から動いてリーダーになる。

まあ、考えてみてください。嫌々会社に行くほどつまらないことはない。朝起きて出勤し、仕事を終えて帰宅するまで、人生の半分近くの時間を嫌な場所で過ごすなんて、考えたくもないことです。だったら、会社を自分が楽しめるように変えてしまいましょう。「つまらない」から「どうしたら面白くできるか⁉」に頭を切り替えればいいんです。

僕の考えるリーダー像は昭和の香りがするかもしれません。当時はＩＴという言葉もなく、コミュニケーションや情報のやり取りは限られていました。しかしその分、人と人のつながりは深く、心の温かさや経験に裏打ちされた知恵が重んじられていました。また、伸び伸びとしたチャレンジ精神が旺盛だったことも、昭和日本を支えた原動力だったように思います。この本にはそんな時代の活力に学んでほしいという思いも込めました。

この本は、いわゆるビジネス書や自己啓発書と肌合いが違って、手取り足取りのノウハウは書いてありません。僕は「こうしなければいけない」とか

「失敗は許されない」なんて、窮屈なのは嫌いです。

肩肘《かたひじ》張らずにお読みください。日々の少しの気付きで理想のリーダー像に近づくことができるはずです。

目次

第3章 ポジティブで行こう

positive!

enjoy!

第1章 リーダーは面白い

「エンジョイ！」とは仕事を楽しもうということです。やらされてる、やらなきゃいけないではなくて、やりたいんだ。それは子どもが無心に遊んでいるのに近い感覚です。リーダーも同じ。リーダーに指名された人、指名されて尻込みしている人、リーダーをやっているが頭がすっきりしないという人……。そんなビギナーの皆さんに、リーダーの面白さを感じて、楽しんでほしいのです。

1

リーダーになろう！

リーダーは、目標に向かってチームを引っ張り、部下と組織を成長させるのが仕事。そうすれば、結果は自然についてきます。僕が伝えたいことの一番が「エンジョイ」なのですが、みんなが楽しく働けるようになれば、

◎一人一人にチーム意識が芽生えてくる
◎一人の力だけではできない成果が出るようになる
◎チームで成し遂げることのやりがいを実感できる
◎難しい課題にも挑戦しようと勇気がわいてくる

と、「エンジョイ」を起点に、仕事の好循環が回り始めます。リーダーはその好循環のエンジンと言ってもいいですね。そして、リーダーシップこそ、仕事のチームにとどまらず、会社全体や日本の社会を引っ張っていく、素晴らしいエネルギーです。

「人のために一肌脱ごう、私がやりましょう」と行動を起こせば、あな

た自身がより高いステージに成長できる。何より自信と達成感が得られるはずです。

そんな僕が考えるリーダー像は昔からずっと変わっていません。一言で表すと、「オレについてこい」がリーダーです。僕はカッコいいと思います。

さらに、リーダーは楽しくみんなを支えるだけではありません。リーダーとして行動するうちに、何に対しても自分事として主体的に取り組む姿勢が自然に身に付いていきます。その力がやがてあなた自身の人生を切り開いていく力となるのです。リーダーは決して損な役回りなんかではありません。

それなのに、リーダーのなり手が少ない。今ほどリーダーシップが不足している時代はないのではないかと言いたいぐらいです。

理由はいろいろ考えられますが、一番は人々がリスクを恐れるようになったからではないでしょうか。昔は何か始める前から「リスクはどれぐらいだろう」「リスクは未然に避けよう」なんて話し合うことはありませんでした。ところが企業は失敗を最小限に抑えるため、危険性に「リスク」と名前を付けて数字で管理し、責任を追及するようになったのです。

いったんそうなると、リスクの高そうなことは敬遠されます。受験や就職、結婚、さらには遊びや旅行ですら、ぬかるみや水たまりを避けて、確実性の高い方を選ぶのです。こんな人たちの社会では、リーダーを募っても、手を挙げる人はなかなか現れません。「難しいんじゃない？」「失敗したくないよね」……というわけです。

リスクを恐れることは、必ずしも悪いことではありません。向こう見ずに突進してばかりでは、致命傷を負うことも。しかし、自分を守ろうとして誰も一歩前に出ようとしなければ、仕事も会社も前進できません。ではどうするか。次をお読みください。

誰かが一歩前に出なければ
仕事も会社も前進しない

2

リーダーは笑う

リーダーになるには何から始めたらいいのでしょう？　リーダーシップを説いたビジネス書には、何だか難しそうな言葉がいっぱい並んでいますが、僕が真っ先におすすめするのは誰でもできることです。

もっと笑おう！　リーダーの第一歩は笑顔から。

これなら実践できますね？　リーダーはもちろん、働く日本人すべてに、もっと笑ってほしいのです。

その理由を私たちロキグループの「ロキイズム」から説明しましょう。「ロキイズム」とは、経営理念、社訓、品質方針、行動指針、経営方針をひっくるめたもので、ロキグループの流儀、スタイルと言ってもいいかもしれません。

その「ロキイズム」に笑顔が盛り込まれているのです。社訓には「笑顔で行動」、行動指針には「always smile」。これはセットになったメッセージです。

行動指針

ロキグループの全社員に共通して求められる姿勢・行動を表現したもの

・クイックレスポンス
・always smile
・当たり前のことを当たり前に！
・あったらもんだ（富山県の方言で「もったいない」）
・石橋はダッシュで渡る!!
・国境なきROKI【jin】
・正しい謙虚　誤った遠慮

・anytime omotenashi
・やわらかあたま

頭がカチンコチンになっていると、口はへの字でしかめ面になります。自分がこれから進んでいく道が狭く感じられ、喉が詰まってきて何も言えなくなります。ところが笑っていると、気持ちは前向き、舌が滑らかになって、質問や意見も不思議と出やすくなるのです。

一番分かりやすいのが会議のときです。つまらないなと思っていると頭に入らないし、時間がやたら長く感じられます。早く終わってほしいのが会議。ところが笑顔のあふれる明るい雰囲気だと、あっという間に時間がたち、頭に入り、記憶に残ります。いいことずくめじゃありませんか。リーダーたる者、会議でもどこでも、率先して重苦しい雰囲気を追放しましょう。

笑顔のすごいところは、周りの人も笑顔にしてしまう点です。リーダーがニコニコしていればみんなも自然に笑顔になって、話しやすい雰囲気になります。チームが笑顔になれば、ポジティブで活発な議論が飛び交い、組織力が向上します。

笑顔が発信しているのは、「きっといいことが起きる、起こせる」というメッセージなのです。

会議などでの重苦しい雰囲気は
リーダーが率先して変えるべし

3

リーダーは夢を見る

皆さんは夢を持っていますか？　夢とは将来実現させたいこと。リーダーにも仕事で実現させたい夢があるはずです。

夢見たことは実現できますが、夢見ることすらしないでは何も実現できません。

リーダーはチームの目的を実現に導く人。それには、あなたが目的であるミッションやプロジェクトの成功を固く信じていることが絶対条件です。言わば、夢を持ち、夢で終わらせまいとする人がリーダーです。

そして、あなたの夢の実現にかける熱意や確信がチームに伝わって、成功のイメージがみんなに共有されることで、強いチームができあがるのです。一人一人が「できる」と信じているのですから、最強ですね。

僕の父はロキグループの前身となる会社を創業したとき、「30年続けたい」と考えました。それが成功だと考えたのでしょう。それを前進させたいから、経営者になった僕の理想は、いつしか「100年を越えて続く会社に育てる」になっていました。

理想や夢はそうやって膨らむもの。追いかけるものを見つけることだと思っています。さあ、あなたも夢を育てましょう。理想を語りましょう。

アメリカに留学していた20代のころ、ニューヨークで目にしたビジネスマンの颯爽《さっそう》としたスーツ姿にあこがれたものです。いつか海外にオフィスを構えたいとも夢見ました。時は流れ、今ではロキグループは世界4カ国に拠点を持っています。夢は決して捨ててはいけません。

さて、夢を具体化していくための架け橋となるのが「想像力」と「創造力」の2つ。未来に向かって今何をしたら良いか、今後人は何を求めるようになるか、市場はどう変化するかなどをイメージするのが「想像力」。それに基づいて、既有の技術の新しい生かし方はないか、これまでにないアイデアで新しい製品が作り出せないかなどを追求していくのが「創造力」です。チームの人たちと一緒になってこの2つの「力」を発揮し、新しいことを生み出す習慣をつけていきましょう。

ワクワクするような大きな夢、持っていますか？　人に聞かれたとき、答えられますか？　持っているだけで、普段見るもの聞くものが、生き生きとしてきますよ。あなたの周囲があなたを見る目も変わりますよ。

「想像力」と「創造力」で
新しいものを生み出そう

4

リーダーはいいとこ取りがうまい

リーダーにとって「笑おう！」のほかにすぐ役に立つことってないの？そんな声が聞こえてきます。それでは超具体的なアドバイスを差し上げましょう。僕が日ごろ若い人たちに言っているのは、「他のリーダーをよく見なさい」ということです。

いろいろなリーダーがいます。人の話をよく聞く人、例え話で人を引き付けるのがうまい人、人を乗せるのが上手な人、人が嫌がりそうなことでも率先して行動する人、叱られ役を買って出る人……。リーダーについて学びたければ生きた教材から学ぶ。それ以上の近道はありません。

つまり、積極的にいろいろなリーダーと接して、リーダーシップに対する視野を広げるのです。リーダーとして振る舞いたくてもうまくできない人に聞いてみると、決まっていいリーダーに巡り会った経験がないと答えます。

いいリーダーに巡り会い、しかも、その人が率いるチームに属していると、「あの人についていこう」と思い、さらに「自分もあんなふうに振る舞いたい」と感化されるものです。そうは言っても、必ずしも優れたリーダーのいるチームに配属されるとは限りません。そこで、身近な他のリーダーにも視野を広げて学ぶのです。

いろんなリーダーのいろんないいところに出会ったらしめたもの。お手本にして、その人の良いところを徹底的に真似しましょう。

それが僕の薦める「いいとこ取り精神」です。そうすれば理想のリーダーが出来上がります。いろんな人を見ているから、先入観で頭でっかちになることもありません。偏りのない、バランスの取れたリーダーというものが分かってきます。時には、真似しちゃいけないリーダーに出くわすこともあります。僕にも経験がありますが、その人をじっくり観察できたのは、ためになりました。そんな出会いも一種のいいとこ取りだと今では考えています。

人の特徴を見つけて自分も同じようにやってみてはどうでしょう。俳優の起源は、口まねをしたり、扮装をしたり、身振りをなぞったり、人の真似をすることだったと聞いたことがあります。

映画に主演した気分で、胸を張って前方を指差し、「道が見つからなければ、われわれがつくるまでだ！」なあんて言ってみれば、あなたも自分がヒーローになった瞬間を体験できます。面白いですよ。だまされたと思って一度試してみてください。ただし、人のいない所でね。

「いいとこ取り」は
理想のリーダーに成長する早道

5

リーダーは人が好き

もう少し「いいとこ取り」の話を聞いてください。「いいとこ取り」は、人に関心を持って初めてできることです。

もちろん僕自身、たくさんの人との出会いを楽しみ、たくさんのいいとこ取りを実践してきました。現在の僕は、これまで出会った人のおかげでここまで成長できたと感謝しています。これからもいろいろなタイプの人と出会って、変わっていきたいと思います。

まして若い皆さんは、人との出会いをどんどん重ねていかなくては、いいリーダーになれません。これは絶対条件だと思います。アンテナ、感受性、好奇心。いろんな言葉がありますが、決まった人とだけ話すのをやめ、積極的に人脈を広げることが成長につながります。

自分のスタイルを貫くのも結構なことですが、人を観察して自分にないものを取り入れようとすることの方が、もっと前向きな態度ではないでしょうか。

もし他人に関心を持てなかったら、部下にだって関心が持てないでしょう。部下に関心のないリーダー？　そんなものはありえません。

これまで僕が会った人の中で、大きな組織を束ねている人や一芸に秀でた人の多くは、相手が有名無名を問わず、その人に興味を抱き、話にちゃんと耳を傾ける姿勢があったように思います。

明日はどんな人と出会って、どんないいとこ取りができるんだろう！

今度は、部下や仲間との付き合い方のヒントをお話ししましょう。

目の前の仕事以外の話題にも触れる機会を作りましょう。「その後、周りの仲間とうまくいってる？」「ところで、いつか話していたヨガ、今も続けてる？」とか。つまり、あなたのことをいつも気にかけているよ、決して忘れていないよ、というメッセージをさりげなく送るのです。そんなリーダーの姿勢が、互いの信頼を築く入口になっていくものです。

仕事を離れて話をする。そうなると、場所と時間が必要ですね。上着を脱いで、くつろいで笑いながら話すには、お酒があると、みんなの口も軽くなります。

「ノミニケーション」が死語になったのは、昭和世代としては残念です。

お酒の楽しめる店って、今風に言うと「サードプレイス」だと思うのですが、どうでしょう。「家でも学校・職場でもない、心地のいい場所」だそうじゃありませんか。場所と時間を共有すれば、かけがえのない一体感や思いがけない発見が生まれます。たまには部下や仲間を誘って出掛けましょう。

もちろん、アルコール抜きでも構いません。部下や仲間のお気に入りのカフェがあれば教えてもらいましょう。新人たちのランチにまぜてもらったら、好みが分かって、そこから話の花が咲くかもしれません。

リラックスして素直になれば、部下や仲間の意外な側面を発見したり、リスペクトすることもあるでしょう。面白い情報が聞けるかもしれません（「いいとこ取り」のチャンス）。そんな時間を共有できたら、チームの信頼がグッと深まるに違いありません。

最近気になっているのは、オンラインでのコミュニケーションが増えていること。メールのやりとりに加えて、会議や打ち合わせも、リモートで行うのが主流になっています。離れた場所にいてもＰＣやスマホのディスプレイで顔を見ながら会話ができて便利です。

一方、実際に顔を合わせて会話をすれば、ニュアンスや熱意が伝わりやすくなり、リモートでのもどかしさを補うことができます。対面のコミュニケーションは、チームの一体感を保つのに欠かせません。オンラインと対面、それぞれの利点や特性を理解し、両者をうまく組み合わせながら使っていきたいものです。

他人に関心を持ち、いろいろなタイプの人と出会えば、リーダーとして成長できる

6

リーダーは素直に受け止める

人間は年齢を重ねるほど素直になれなくなっていくようです。「もっと素直になろうよ」というフレーズが世の中に飛び交っているのも、そのためでしょう。ましてリーダーになると、人の上に立つという意識が災いして、自分の意見を押し通そうとしがちです。

そもそも僕が「いいとこ取り」を始めたのは、人に薦められたのがきっかけです。もし「いいとこ取りをやってごらんよ」という言葉を素直に聞いていていなかったとしたら、僕は全然別の人生を歩んでいたかもしれないのです。それぐらい僕はいいとこ取りで出来ていると思っています。意外に感じるかもしれませんが、

「素直」って一番重要な態度かもしれません。素直でなければ、人の話を聞いたり、行動を観察したり、素晴らしい出来事に感動することは

できません。

「他人に関心を持つ」ことの大切さをお話ししましたが、その前提にあるのが素直な心というわけです。心を開いて、両腕を大きく広げて、全身で受け止める。相手の言葉を聞いているそぶりをしてやり過ごそうとか、斜に構えていたりしては、面白いことは見えてこないのです。

リーダーだからと自分の意見を押し通さず、
周囲の意見を素直に聞く態度も大切

7

リーダーは聞き上手

人の話に耳を傾けることが大切だと言いましたが、逆に話し好きの人は、どうも自分が話したいだけ話して終わってしまう傾向があるようです。これでは、人と会った意義があるとは思えません。

せっかくの出会いなのですから、相手から何か吸収しなくては、その時間がもったいないと思いませんか。

それなのに、話し好きの人は、次に会ったときも得てして同じ話を繰り返すのです。まして、人から知恵や知識を授かろうという謙虚な気持ちなどないのです。周りがまったく見えていない状態。チャンスをみすみす逃してしまっています。

皆さんには「話し好きになるな」とアドバイスしたいぐらいです。人から「話をするの、好きだね」と言われたことはありませんか？　それ、褒め言葉じゃないかもしれません。自分の意見ばかりしゃべってしまうと、ますます相手の口を閉ざしてしまうことになります。聞く＝8、話す＝2ぐらいのつもりでちょうどいいでしょう。

リーダーにとって、部下に対する聞き上手は欠かせない条件です。「どうせ不満があるんだろう」「大した経験もないくせに」などと先入観を持ってはいけません。部下の話を真正面から受け止め、きちんと反応しましょう。何より「その気持ち、よく分かるよ」と、聞いてほしかったという心に共感を示しましょう。「リーダーは話を聞いてくれる」「リーダーに相談しよう」という雰囲気が、チームをコミュニケーション不足から救ってくれるのです。部下の話からヒントをもらったり軌道修正したり、本音を知ってチームの心を一つにすることもできるでしょう。

聞き上手になれば、リーダーとしてのあなた自身の視野も広がります。一人で考えているより、あなたも部下も、人間として楽しく成長できるチャンスなのです。

部下の話にきちんと耳を傾けるリーダーなら、
チームがコミュニケーション不足に陥らない

8

リーダーは優等生でなくてもいい

ここで僕から一つ質問させてください。あなたは優等生ですか?

あっさり、「はい、学校では優等生でした」という人は少ないでしょうね。私たちロキグループは、創業から40年かけて高い技術力を持つ会社として信頼をいただくまでに成長しましたが、別に僕は、自分が経営者として優秀だからここまで来ることができたと思ったことはありません。

現場で働いている人が気持ちよく働いて、力を存分に発揮できるようにするにはどうしたらいいか。いろいろな経営者の方たちのいいとこ取りをしてきたに過ぎません。それを僕のリーダーシップの手柄だと思ってくださるのでしたら、リーダーとしてちょっと自慢していいかもしれませんが。

そんな僕から見ると「自分は優等生ではなかったのでリーダーには向いて

いない」と思い込んでいる人がいないか気掛かりです。そんなことは決してありません。もしあなたが「リーダー↓人の上に立つ人↓優等生がやるもの」と決め付けているとしたら、頭が固すぎます。

ここまで話したように、自分に足りない点や苦手なことがあると思ったら、人にどんどん助けてもらえばいい。弱い人間だと思ったら、人様の強さを借りればいい。

あのリーダーはちょっと頼りない面があるから、私たちが頑張らなきゃとプロジェクトメンバーや部下に思わせたら、かえってチームパワーが生まれ、その結果仕事が前進することもよくあります。そうなったらしめたものじゃありませんか。

「4 リーダーはいいとこ取りがうまい」で、リーダーも十人十色、いろんな個性があるという話をしましたね。自分も部下も、いい面を伸ばし、足りない所をフォローし合いながら、チームプレーを展開していこうじゃありませんか。

学校の勉強は必ず正解を求められますが、社会や人生では、正解が一つということはめったにありません。

でも、別に試験が0点でもいいとは言ってません。かといって満点ではハードルが高すぎるなら、80点ぐらいを目標にしていきましょう。

学校の勉強では正解は一つだが、
社会の正解は必ずしも一つじゃない。
優等生がリーダーに向くとも限らない

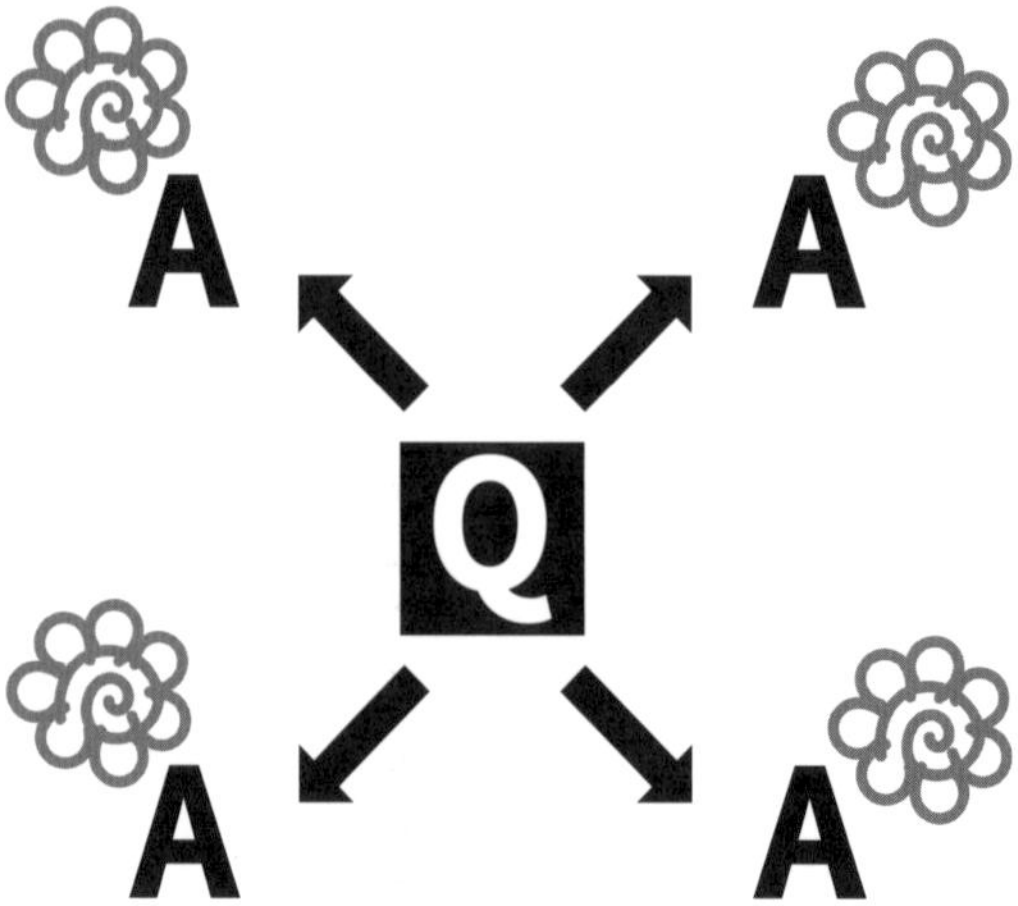

リーダーシップなるほどコラム❶

使える！「8割：2割の法則」

いろいろな場面で役立つ、とっておきの「法則」をご紹介しましょう。社会を見るとき、チームを考えるとき、会社の業績を分析するとき。覚えておくと、いろんな場面で役立ちます。それが「8割：2割の法則」です。

これにはいろいろな呼び名や解釈があるのですが、僕は「世の中は一様ではない。大体、8割と2割に分けて考えられる」ぐらいに受け取っています。

例えば政治の世界を考えてみましょう。カリスマ的な人気を集める政治家がいるとします。ところがその支持率は、決して100%になることはありえないのです。せいぜい80%。10人に2人ぐらいは圧倒的な人気者に反発を感じるのです。
でも、それでいいのです。8割の支持があれば十分過ぎるぐらい。2割ぐらいの反対意見に動じる必要はないし、むしろ2割ぐらいの反対意見がある方が自然で、バランスの取れた社会と言えるのではないでしょうか。

経営の神様と呼ばれるピーター・ドラッカーも、「意思決定は異なる意見の衝突や対話の中から選択されるもの。全会一致の場合は、決定しないことだ」という意味のことを言っています。

今度は、少数派の2割グループに注目してみましょう。多数意見に不満な人たちです。「まあ、2割ぐらいはそういう人たちもいるさ」と無視すればいいのでしょうか。
僕は必ずしもそう考えません。2割の中には、怠け者やへそ曲がりがいるかもしれないけど、将来、改革の芽となる意見を持つ人だっているかもしれないんです。

実は、会社に入りたてのころの僕は、「やんちゃな奴」として煙たがられました。自分も含めた社員みんなが働きやすい会社にしてやるぐらいの意気込みだったんですね。

そんな「骨」のある2割は嫌がられるもの。しかしリーダーたるもの、しっかり目配りをして、ときには2割の人たちの意見を聴いてみてはどうでしょう。得るものがあるかもしれません。

《2割も捨てたものじゃない》というのが、「8割：2割の法則」の2番目の教えです。

もう少し複雑なケースを考えてみましょう。「善玉菌・悪玉菌」は誰だって聞いたことがありますね。ヒトの腸の中には、体にいい働きをする善玉菌と悪影響を与える悪玉菌が住んでいるわけです。

その割合が「8割：2割」かというと、そうではない。第三勢力がいるのです。その名も「日和見菌《ひよりみきん》」というグループが一大勢力を占めていて、善玉菌と悪玉菌のどちらに味方すると得だろうかと、力関係をうかがっているのです。そして、三者のバランスが「善玉菌2割：悪玉菌1割：日和見菌7割」だと、日和見菌が善玉菌に加勢して、腸内が健康に保たれるのだそうです。

8割を大切にしながら、2割の存在も無視しない。そのうえで確固とした意見を持った人が、それぞれのグループにどれだけいるかと、じっくり考えるのも重要。それが「8割：2割の法則」の3番目の教えです。

action!

第2章 アクションがなければ始まらない

「アクション！」とは、悩んだり考えるより、まず行動しようということ。縮こまっていては何も始まりません。打席に立ったらバットを振ろう。ボールが転がってきたらシュートを打とう。リーダーとは真っ先にアクションを起こす人のことです。では、具体的にリーダーはどう行動すべきか、僕の意見を聞いてください。ぜひ身に付けて、あなたが成長していくストーリーを思い描きましょう。

1

先頭に立って石橋をダッシュ！

企業社会では、「人材を教育する」「リーダーを育てる」とよく言われます。でも、「教育」という言葉の語感が、僕の感じ方になじまないんですね。教師が何か決められたことを教え込むみたいで、違和感があります。

「ロキイズム」から「笑顔で行動」（社訓）、「always smile」（行動指針）を紹介しましたが、「行動指針」には僕が考えたユニークなものがまだまだ詰まっています。

中でも「石橋はダッシュで渡る!!」は傑作だと思っているのですが、これは行動することの重要性を説いたものです。もちろん本家は「石橋をたたいて渡る」。用心の上にも用心を重ねることの大切さを説いたことわざですね。

しかし僕は思ったのです。心配したり悩んだりして結局石橋を渡らない人があまりに多過ぎやしないだろうか⁉　それが、この指針の発想の原点でした。

会議は何のためにやるんだろうと思うことはありませんか？　僕は考え込む人間が多いなあと、しょっちゅう思っています。そう、会議ばかりやっていても生産性は向上しません！

会議で決まったらすぐ行動に移すならいいですよ。ところが結論が出ないまま、会議の最後になって「では、次の会議の日程を決めましょう」と来るんです。これでは笑い話ですね。会議のための会議が、延々と続いていく……。

「石橋はダッシュで渡る‼」が浮かんだのは、そんな瞬間でした。とにかく動こうよ！というメッセージです。石橋をダッシュで渡る人って、まさにリーダーにぴったりだと思いませんか。

リーダーとは、真っ先に一歩前に出る人。人の顔色をうかがってばかりで、ちっとも前に出ようとしなかったチームが、その中の一人が前に出ることによって、リーダーと同じ方角に向かって行動し始めるんです。

一歩前に出るためには、目的がきちんと定まっていなくてはなりません。そして、その目的をチームで共有し、全員が一丸となって、その実現に向かって行動するように仕向ける。それができるのがリーダーです。自分が駆け出したら誰もついてこなかったでは笑えません。

ただ、全員がやみくもにダッシュで出ていってはいけません。みんなが一斉に渡れば、当然橋は壊れ、会社は崩壊する。

よしダッシュで渡ろうと思い立ったら、まず上司に相談しましょう。相談した結果、ダッシュをした方がいいとなれば渡りましょう。相談したことによって自信がつく。ダッシュが効果的な加速を生み出します。

リーダーが石橋をダッシュで渡れば、
チームも前へ動き始める

2

スローガンで高める団結力

ロキグループの創業は1978年ですが、僕は数年前、当社は「100年を越える企業」を目指すと目標を掲げました。やがて僕がいなくなっても、今働いている人が辞めても、子や孫の時代になっても、ロキグループが存続し、発展していってほしい。

日本に数パーセントしかない100年企業になろうと言い出すと、実現するにはどうしたらいいか、社員全員が考え、行動するようになりました。会社としての結束力、団結力が高まったと実感しています。決意を目に見える形にしようと、100という数字を会社のロゴマークにも入れました。

このように目標が言葉となって見えてくると、組織やチームの全員が動きやすくなるのです。言葉があることによって、一人一人の行動に具体性が生まれ、全員の動きがブレなく進んでいきます。

例えばあなたの会社にスローガンがあるなら、

リーダーは、それを自分のチームにブレークダウンしたらどんなスローガンになるか考えましょう。そうすると、メンバーが、がぜん動きやすくなります。

2015年の国連サミットでSDGs（エスディージーズ、持続可能な開発目標）が採択され、企業に積極的な取り組みが求められています。ロキグループでも新たなミッションとして、SDGs取り組み方針「ROKI＋challenge（ロキプラスチャレンジ）」を設定しました。僕が「SDGs！」と宣言すると、後は社員の皆さんが考えてくれます。ありがたいことです（笑）。

たかが掛け声、されど掛け声。これ、大事です。スローガン作りは、あらゆる階層のリーダーにぜひ実践してほしいことです。皆さんも自分のプロジェクトやチームのスローガンを考えてみてください。

目標を言葉で見える化すれば
組織全員の動きがブレなく進む

3

点と点を線で結ぼう

「点と線」。これはもともと松本清張さんの推理小説のタイトルです。何の関係もないように見えていた点々とした事実が、名推理によって一本の線につながる傑作です。

それと同じように、仕事も個々の作業という「点」で終わらせないで、「線」でつながなくてはいけないのですが、その線が見えないケースによく出くわします。

よくトータルで見る力が必要だと言いますが、

点を目先のこと、線を仕事の意義と言い換えても良さそうです。リーダーに求められるのは、まさに点を線にして、仕事を全体としてとらえる力です。

例えば点がポツンポツンと2つあるとしたら、まず1つの点ともう1つの点との関係を考えてみてはどうでしょう。点から点へ時間を追ってバトンをリレーする感じなのか。横に手をつないだ関係だから、同時並行でやれば大きな結果が期待できそうだとか。もう1つ補助的な点を隠し味として加えると強力になるぞとか。

点と点が線でつながってくると、周りとの関係もはっきり見えてきます。自分のやっている仕事が他の部署の仕事にも関係していることが分かれば、その部署との連携プレーが可能になるなど、連鎖の輪がどんどん広がっていくのです。

点と点の関係をペンを片手に考えていると、点と点をつなぐ線に、勢いとか流れとか方向が浮かんできます。そうなったら、出発点とか目的地とかも書き加えたくなるんじゃありませんか？　ほら、だんだんと全体像が見えてきましたね。

リーダーに求められるのは個々の作業から
仕事の全体と意義を俯瞰する力

4

プレゼンテーションを成長のステージに

リーダーの仕事というと、どうしても部下をマネジメントする、指示してやらせることだと思いがちです。「ちっとも言うことを聞かないな。どうすればいいんだ」「この人何考えてるんだか、やる気あるのか?」……。

いやいや、子は親を見て育つ。部下はリーダーを見て育つ。みんなが一緒になって成長していこうというのが、当社のやり方なのですが、部下と接するって、子育てによく似ているんですね。

本書では「優等生でなくてもいい」と言ってきましたが、プレゼンテーションは特に大切なスキルです。

部下に成長してほしいなら、まずあなた自身が行動する。リーダーとしてカッコいい背中を見せましょう。そのハイライトとなるのがプレ

ゼンテーションというステージです。

「ようし、一つ頑張ってみよう」という決意さえあれば、場数を踏むことでだんだん実力が伴っていくので、ことさら緊張する必要はありません。さて次は「カッコいいプレゼンテーションにはストーリーが大切」という話です。

当社では工場の部長を対象として「今期は何をするか?」というテーマで毎年プレゼンテーションを課しています。前期の振り返りを踏まえて今期何をするかを宣言する場になっているのですが、残念なことに、述べることが全部バラバラの点の寄せ集めになっていることがあるんです。

そんなとき、「あなたが持ってきたのは〈小話〉じゃないか。そうではなくて〈物語〉を作りなさい」という例え話をします。第1章を受けて第2章がある。第2章から変化をつけて第3章がある。そしてその結果、結論が生まれる。ところが、あなたのはブツブツ切れているよね……。

プレゼンテーションを聴いた後、最後に僕が「一体何が言いたかったの？」と聞きたくなるのはそのためです。こうなったら、そのプレゼンテーションは失敗。結論まで線を描く習慣が身についていないからです。

お客さまとのご挨拶や日常的な会話からも、自社の考え方、製品特長、技術力、対応力などが伝わらないと信頼が得られません。まして重要な案件を提案する場合は、全体が魅力的な物語になっていてほしい。そこで必要になるのが全体をイメージする力です。顧客満足という結末で終わるストーリー作りと言い換えることもできます。

例えば、自慢の新製品ができたとします。こんなに機能が向上しましたと開発プロセスを説明しても、お客さまにしてみれば、自慢話やデータの羅列など聞きたくはないでしょう。そうではなくて、あらかじめお客さまのニーズや課題をしっかり把握しておき（周到な準備）、互いが再確認したうえで（共通理解）、解決に貢献する頼もしい味方をご紹介にまいりました（顧客満足）と用件に入ればいいのです。

リーダーのプレゼンテーションがお客さま目線でなかったら、部下もついてこないでしょう。自分本位の思いしかないからです。カッコいいところを見せようと意気込むのは結構ですが、リーダーの一人相撲はいただけません。点と点がつながるように、あなたの成長と部下の成長がつながると、会社の成長にまでつながっていきます。

プレゼンテーションは相手の目線に立った
分かりやすいストーリー展開が必要

5

階段を上ると
大きな仕事が待っている

スポーツのチームに例えるなら、チームリーダーや課長クラスがキャプテンだとすると、部長はコーチといったところでしょうか。監督予備軍、監督練習生と言ってもいいかもしれません。この「一段階上のリーダー」に成長するとプラスアルファの仕事を任されるようになりますが、そうであっても、これまで述べてきたようなリーダーとしてのポイントがベースになっていることに変わりはありません。

さて一段階上のリーダーは、今や自分の部下となった他のリーダーたちの意見を吸い上げることはもちろん、経営層に対して提案をしたり、経営層と一緒にディスカッションも行います。他部門との調整や交渉にも当たりますが、こういった仕事に取り組むようになると、組織作りにしっかりした自分の意見を持っている人でなくては務まらなくなってきます。与えられた現在の組織を運営することで満足しないで、より優れた組織、新しい組織を考えられる人材が求められるのです。

例えば、営業所を新しく開設する、市場や顧客の変化に応じて営業部門を再編成する、ヘッドハンティングして専門的な部署を設ける……。このような提案に対して、上層部は、決められた枠から一歩外へ出ていこうという意欲を歓迎するはずです。それが会社の成長というエネルギーになるからです。

さらにもう一段階上がって、社長にももちろんリーダーシップが求められます。当然ですが、現状維持は社長の仕事ではありません。一歩前に出る。そして会社を成長させることこそ社長らしい仕事と言っていいでしょう。中長期計画の策定を指揮するなど、会社の未来を少なくとも何年か先まで構想することが求められます。

もう少し社長の話を続けると、必要になるのがブレーントラストです。経営者たるもの、一人では何もできないということをしっかり頭に入れておかなくてはなりません。社長になると助けてくれる人の力が絶対に必要です。社長の力量は、優れたブレーントラストの力をいかに発揮させることができるかにかかっていると言っても過言ではありません。

ブレーントラストは、経験、専門知識、度胸などを持ったひとかどの人物です。社長にとってのサブリーダーです。その人がついてきてくれるためには、社長本人に人間的な魅力も欠かせないでしょう。

魅力ある人だと思われるためには、将来やろうとしていることを周囲に鮮明に発信し、共感を集める必要があります。それは数年先の具体的な中期経営計画だったり、もっと先の、ビジョンと呼ばれる理想や夢を語れるということかもしれません。

経営者でなくとも、チームリーダーや課長クラスのリーダーの皆さんにとっても、片腕になる理解者、相棒はありがたい存在です。得意な面を出し合えば、前に進む勇気がわいてきます。そうしたかけがえのない出会いは大切にしたいものです。

さて、仕事のレベルやスケールが経営に及ぶようになると、現場の仕事に追われながら会社の理想を描くことは難しくなります。

現場と指揮の両立というと、思い浮かぶのは、野球のキャッチャーです。キャッチャーは「グラウンド上の監督」などと呼ばれ、選手として優秀なだけでなく、頭脳明晰、戦術も組み立てられるプレイング・マネージャーを務めた人が何人もいます。しかし、失礼ながら、現役を続けつつ監督としても成功したとまで言える人はほとんどいないのではないでしょうか。

日々の業務は現場の人たちに任せ、監督業に徹するのも重要な決断です。日々の業務に愛着を感じるあまり、自分の方が業務に精通しているという自負があるあまり、そこで頑張り続けてしまう「永遠の頑張るマン」からは、会社の将来像は出てこないものです。

創業社長と呼ばれる方たちは、会社を興す時点からプレイング・マネージャーとして頑張ってきた例が多いのですが、現場と経営の切り換えがなかなかできない。一人で全部やってきたため、人に任せて、人を育てることが得意ではない。社長なのに営業代表、技術代表のようなケースが多いのではないでしょうか。

リーダーは、日々の作業に執着し続ける
「永遠の頑張るマン」であってはならない

6

働きやすい職場環境を作る

手前味噌になりますが、僕は誰もが働きやすい職場環境を作ることこそ企業のトップの仕事だと考えて、ロキグループでいろいろな取り組みをしてきました。個々の業務は僕より社員の皆さんの方が精通しているのですから、とにかく働きやすい職場環境を提供すれば、ベストパフォーマンスを発揮してくれるはずです。ここでロキグループの福利厚生や働き方に対する考え方をいくつか紹介します。

例えば、ある日突然、僕は「有給休暇（有休）の消化率を100％にしてくれ」と指示を出しました。若いころの自分を思い出したのです。

やんちゃな社員だった僕は、有休を使い切りたいと思っていました。給料をもらいながら休めるんですから、有休を使いたくない社員はいないでしょう。自分の時間を充実させたい人間ならなおさらです。

そんなふうに、若いころの自分だったら、こっちの方がいいだろう、こうしたら喜ぶだろうと想像しながら判断しています。有休消化率100％と聞いたら、あのころの僕も大歓迎したに違いありません。

現実には、まだ「有休消化率100％」は実現できていませんが、それでも他社と比べると消化率はかなり高い方だと思います。ちなみに女性の育児休業（育休）取得率は100％です。ロキグループの年間休日は125日以上ですし、2019年は10連休があったおかげで132日でした。

また、当社の有休は1時間単位でも取得できますが、それとは別に、さらに細かく15分単位で年間5日間まで取得できる「ワークライフバランス休暇」もあります。これは共働きの子育て世代の社員たちから提案をもらってできた制度で、保育園の送迎やお子さんの通院、あるいは介護などに使われています。

そのほか、始業時刻を早めて、その分早く退社しても構わない朝型勤務も推進しています。できた時間を有意義に使ってほしいですね。

「残業をゼロにしよう」と言い出したこともあります。これも残業が好きじゃなかった「昔の自分」を思い返したうえでのアイデアでした。

僕は、若いころから本当に残業というものが嫌いだった。働くのがイヤだというわけではないのです。日本に根強く残っている「開始に厳しく終了に甘い」働き方を、社会に出た当初からおかしいぞと思ってきたのです。

始業や会議の開始時刻など、始まりの時間ばかり厳守させて、少しの遅刻にも怒るのに、残業や会議の終了時刻など、終わりの時間には甘い。僕には外資系企業で働いた経験があるので、そんな日本的な労働時間に関する慣習になじめませんでした。

ロキグループの福利厚生や働き方に関する僕の考え方の話が長くなってしまいましたが、僕が「若いころの自分が喜んで行きたくなるような会社」を目指してやってきたことが、分かっていただけたかと思います。働きやすい職場であるかどうかは、企業の生命線。「always smile」を広めようとしたのも、その手段の一つでした。

何も、世間の風潮に合わせようとか、働き方改革を先取りしようと思って、このような制度を始めたわけではありません。会社にいる時間も、家族と過ごす時間も、本気でエンジョイしよう。リーダーシップ以前のことですが、こういった基本を踏まえていないと、何も始まらないのではないかと思い、紹介しました。

最後に、現場で悪戦苦闘しているリーダーの皆さんがすぐ手を付けられる職場改革を紹介しましょう。会議と残業、2つの時短は誰もが望んでいるのではありませんか？

会議の効率を高めるために有効な事前策は、テーマと参加者を絞ることです。終わり方も重要です。予定の時刻になったら、すっぱり終了し、決まったことは必ず実行することを確認します。持ち越した課題があれば、ウヤムヤにしないで、どうするかも決めておきます。

残業を減らすには、その日に終わらせるべきことを朝一番ではっきりさせる、詳細すぎる資料作成に埋没しないなど、ムダになっている時間を追放しましょう。その際、全員で協力するのがポイント。人によって仕事量が偏っていたり、優先度の低い仕事をため込んでいる可能性が高いからです。

社員がベストパフォーマンスを発揮するには
働きやすい職場環境作りが大前提

7

判断力はチームプレーである

リーダーの究極の仕事が経営です。そして、経営者にとって最も重要なのは判断力ではないかと思うようになりました。

判断材料という言葉があります。判断には、自分が積み上げてきた知識だけでなく、収集された新旧の情報やデータ、自社や協力会社が持つ戦力、大局的・長期的なビジョン、ブレーントラストの意見などを集めます。そして判断材料を総合して案をまとめ、案の中から最も確実性の高いものを選びます。

こうして見ると、何かを判断するには、一人でできることの割合はそれほどでもないことが分かります。情報収集、戦力分析、鋭い意見には、普段からそれぞれの部署と活発なコミュニケーションを取っていることが求められます。経営者の判断は、実は会社のチーム力に支えられていると言えるわけです。

これは判断力を身に付けたいと考えるリーダーの皆さんにとっても当てはまることです。上司、他のリーダー、部下といい関係を保っていますか？いい情報やアドバイスをもらっていますか？　もう一度チェックしてみましょう。

もちろん、○か×か、白か黒か、スパッと判断できない場合も多い。僕も正しかったか間違っていたか、判断した後で迷うことも正直あります。しかし、ひとたび判断して右と決めたら、自信をもって一歩踏み出してみる。その選択をどうポジティブにとらえていくか。ポジティブ・シンキングが求められます。

ライバルに勝つためには判断のスピードも必要です。「石橋をダッシュで渡る」にもつながることですが、いくら材料を集めたって正解が分からないことはいっぱいあります。それを永遠に探し続けているようでは間に合いません。むしろ材料がそろう前に判断を行わざるを得ないこともあります。

上司、他のリーダー、部下からのいい情報や
アドバイスはリーダーの判断力を高める

8

非常事態に立ち向かう

スピードと言えば、人生においてもビジネスにおいても、瞬時に動かなければいけない時があります。ここで、僕が会社全体のリーダーとして、2019年に発生し、2020年に世界を大混乱に陥れた新型コロナウイルス感染症（COVID-19）にどう向き合ってきたかをお話ししましょう。

日本への影響が拡大するまでは楽観的な見方をする人たちもいましたが、僕はこの問題を当初から重大な危機だととらえていました。感染力の強さや症状が悪化する速さに自分自身が恐怖を感じたからです。

手をこまねいていてはいけません。社員を感染から守るために何ができるか。真っ先に、満員電車の利用を極力避けてもらうため、時差通勤を指示しました。これ以降、何より社員の安全を第一に考え、被害が出る前に手を打とうと、ニュースを注視しながら、矢継ぎ早に対策の強化を通達していきました。
最初の緊急事態宣言に先んじて、その1週間前に原則在宅勤務を指示しています（通勤に公共交通機関を利用しない生産拠点は除く）。できる限り会社に来ないで、リモート会議中心にしようと。これは今後も続けるつもりです。

時差通勤を指示したタイミングで、ロキグループの中核企業である「ロキテクノ」でマスクを作ろうとひらめきました。世の中は絶望的なマスク不足。社員とその家族の安全のためなら、マスクを自社で作ってしまおう。マスクを内製する理由はもう一つありました。当社のクリーンな環境での作業に必須のマスクは外部から購入していたのですが、ストックが3カ月分で尽きる。その後の調達の見通しはまったく立たないことが判明したんです。マスクなしではロキグループの主力製品である液体用産業向けフィルターが製造できなくなる。手作りでもいいから自分たちでマスクを作ろうと言うと、社員がすぐに試作に取り掛かり、僕が工場に見に行ったときにはもう納得のいく試作品が出来上がっていました。わずか1週間です。素晴らしいクイックレスポンスだなあと感動しました。

手作りでできることを立証したのですが、政府から通達が出て、マスク製造を支援してくれると言うじゃありませんか。そこで大量生産できるよう、支援策に乗ることにしました。おかげで約1カ月後には生産設備を導入し、その約2カ月後には試作品を社内に配布。その2週間後にはグループ会社である「トロイカジャパン」のWEBサイトで販売を開始すると、即、完売しました。マスク作りは、社員とその家族を守りたいという想いでスタートしましたが、社会全体のマスク不足解消に少しでも貢献したいと考え、一般向け販売に発展させていったわけです。

そもそもマスクに使用される不織布はフィルターの主材料です。またフィルターは食品や電子部品の製造工程で用いられることから、異物混入を防止できるクリーン度の高い生産スペースを有していました。僕たちには、不織布に関する知見とマスク製造を始める下地があったのです。それを生かさない手はありませんでした。

素晴らしい活躍に対して、工場で働く人たちに慰労金を出すことも決めました。社内に感染者が出たため工場を一時閉鎖する報道が飛び交い始めたころでしたが、そこを守り抜いてくれたという感謝の気持ちと共に、報いたくなった。ありがとうの気持ちを形にしたかったのです。

本社の社員や海外の現地社員にも配り、僕からのメッセージ動画も配信しました。

新型コロナウイルスの感染による業績への影響や損得勘定を考えていては、行動できなかったでしょう。社員がもっと頑張ろうという気になってくれる方法を取りたいと思えばこそ、瞬時に決断したのです。

今回のこの件に関して、他の人、他の企業がどう動くかは気になりませんでした。単純に、気持ちが行動を突き動かしたんです。

ここでリーダーを目指す読者の皆さんに伝えたかったことは、自分には先見の明があると自慢したいからではありません。「判断力はチームプレー」と矛盾するようですが、企業のトップであろうと初心者リーダーであろうと、間髪をいれずアクションを起こさなくてはいけないピンチに遭遇することがあること。そしてピンチをチャンスに変えようというポジティブな態度があれば人を動かし、事態を好転させることができるということです。

２００８年に起きた国際金融危機、リーマンショックの時もそうでした。あのグローバルなピンチを乗り越えた会社が、現在も生き残っているのです。

非常事態に直面したら、すばやい動きと
ポジティブな態度でピンチをチャンスに

リーダーシップ
なるほど
コラム❷

まだまだある「8割：2割の法則」

「8割：2割の法則」は、常識を打ち破るのにも使えます。有名な例を紹介しましょう。それはアリの社会に関する法則で、「働きアリの中で働いているのは全体の8割で、残りの2割は怠けている」というものです。働かない働きアリというだけで痛快な話です。

よく観察してみると、よく働くアリと、まあまあ働いているアリと、怠けっぱなしのアリの割合は、2：6：2であることが分かります。ところが、よく働いているアリを取り除くと、残りの8割のうちの2割が代わってよく働くようになり、全体の割合は、やはり2：6：2になるのです。そこで怠けているアリだけの集団をつくると、働

き始めるものが現れ、再び2：6：2の構成になります。

この現象は、アリの社会が全体として適度に働いて集団を存続させていく仕組みと考えられているようです。すべてのアリが一斉に働くと短期的には効率が上がるが、やがてすべてのアリが一斉に疲弊して効率はゼロになり、集団が立ち行かなくなるそうです。

あなたはこんなアリの社会から何を考えましたか？　仕事の割り振り方でしょうか。時間の使い方でしょうか。商品構成でしょうか。アリの社会は、いろいろなヒントを与えてくれます。

positive!

第3章 ポジティブで行こう

「ポジティブ！」とは、自分の行動はすべて得点になるということ。失敗を恐れず、後悔を引きずらない。昨日より今日、今日より明日と得点がたまる一方です。ポジティブな行動に減点はあり得ません。そんな毎日の心の持ち方をこの章にまとめています。エンジョイ！アクション！ポジティブ！の3段ロケットで行きましょう。

1

部下を信じる

「部下のマネジメントに際して、部下を信じるべきだろうか、疑ってかかるべきだろうか」と聞かれてびっくりしたことがあります。そんなことは考えたこともなかったからです。

部下は同じ船に乗って運命を共にする仲間。

仲間である以上、信じているに決まっています。当たり前のことですから「部下を信じよう」などと言うこと自体が不自然です。もし「部下は信じない。監視しなくてはならない」と考えている人がいたら、それはもはやリーダーではなく、危険な独裁者です。疑う時間があったら、船長である自分自身を磨くことに時間を使いましょう。さもないとあなたの船は沈んでしまいます。

あなたが部下を信じてあげることで、部下が「私がやっていいんだ、私がやろう」と、モチベーションが高まります。

人を動かすのは信頼なのです。

大切なやる気、温かく見守っていきましょう。

部下を信じてモチベーションを
高めることはリーダーの役目

2

評価はあくまで公平に

リーダーのポストに就くと、部下を評価するという新しい仕事が課せられます。部下の給与の査定や仕事ぶりを見極めるのですね。

ところが残念なことに、公明正大な判断のできる人材はなかなかいないのも現実です。

よく見掛けるのは、自分の好きな人間にやたらと甘い点を付ける人です。自分の好きな人間だけで仕事を進めようというのでしょうか。それとも人から良く思われたいのでしょうか。

判断を誤る理由はまだまだ考えられます。給与の上げ下げという実権を握ったという錯覚。給料を上げたら言うことを聞くだろうというカン違い。恩を着せて威張りたい……。

部下の評価に当たっては、会社ごとに客観的な物差しが用意されているはずです。リーダーにはその物差しを厳正に使った、冷静な判断が求められていることを、ぜひ知っておいてほしいと思います。

不公平な評価は結局、チーム全員のモチベーション低下を招きます。「自分はあんなに頑張って結果も出したのに」と面白くない人がいる。中には「しめた」とほくそ笑む人がいるかもしれません。「やってもやらなくても関係ないんだ」という具合です。

評価後の部下のやる気の変化に気を付けましょう。いい評価を与えたつもりが意欲が感じられなかったら危険信号。低い評価に発奮する様子がなければ、不当な扱いを受けたと思っているかもしれません。

一番大切なことは、高い評価であれ、低い評価であれ、誰もが納得するものでなければならないということです。「リーダーは公平に評価している」と思えば、本人もチームもモチベーションが上がり、日々の仕事ぶりもポジティブになっていくものです。

部下の評価で問われるのは、実は、あなたが真のリーダーとして正しい評価ができるかどうかなのです。

公平な評価はモチベーションを高め、
チームをポジティブな態度へ導く

3

失敗なんか怖くない

自分のことを思い出してみると、僕は会社に入ったころから、イケイケどんどんのリーダーだったと思います。良く言えば、生まれつきのポジティブ思考だったんです。常にいいことばかりではありませんが、ポジティブでないことには、ちっとも前に進まないのです。

第1章にも書いたことですが、リーダーのなり手が少ないと思わせる最大の原因は、ひょっとすると、リスクを取りたくない人、失敗を回避しようという人たちが増えたためではないかと疑っています。

よく失敗談を聞かれるのですが、そう言われても、僕はちっとも思い浮かばないんです。なぜでしょう？　人から見れば失敗と取れるかもしれませんが、どうやら自分では一つも失敗だと思っていないらしい。僕の考え方はこうです。

これまでやってきた挑戦の結果が経験として生きているなら、それはもう失敗ではない。

皆さんもこれまでの人生を振り返ってみてください。「もしあのとき失敗していなかったら、今ごろもっといい人生になっていた」と言えるでしょうか？

失敗してもこの世の終わりではありません。ピンチの次には必ずチャンスが来ます。

むしろ、かつての失敗で学んだことが積み重なって財産となり、今の自分を強くしているはずです。

失敗など、恐れるに足らず。皆さんもぜひ考え方を切り換え、ポジティブで行きましょう。

「物事を《成功・失敗》でとらえるより、経験の方が上を行くんだ」と考えてみてはどうですか。結果はどうあれ、やったということが大事です。だから逃げない。行動した人は強くなれるんです。

部下の失敗も同じです。くよくよ一人で悩む人がいるようですが、部下の失敗は成長のプロセス、「よくチャレンジしたね」とポジティブな態度で接すれば、誰も落ち込まずにすむので、生産性も向上します。さあ、顔を上げて次に進みましょう。

失敗は貴重な経験。行動で経験を
積み重ねれば人は強くなる

4

叱っても引きずらない

「失敗なんか怖くない」とアドバイスしましたが、さて、部下が失敗した場合、リーダーとしてどう対処すればいいのでしょう。

僕は失敗そのものを叱ることはありません。なぜかというと、すでに述べたように、失敗に至るプロセスがあるはずだからです。結果がどうあれプロセスの方が重要だと思っているぐらいだからです。

とは言え、指摘すべき点はきちんと指摘しなくてはなりません。そんなときはやはり気を遣います。「お前が悪い」などと人格まで否定しないで、プロセスを丁寧に確かめます。注意されてもへこたれないかどうかなど、どんなタイプか見極めることも必要です。それから失敗を指摘したら、いつまでも引きずらないことも大切。パッと切り換え、根に持たない。

そんなカラッとした空気があると、失敗をすぐ取り返しやすいものです。スポーツでは失敗した選手をすぐ次の試合に起用して名誉挽回のチャンスを与えることがありますね。選手を成長させるために、とても効果的なやり方なんです。

引きずらないリーダーは、失敗をチーム力向上に役立てる。

成功したらどうすればいいか？　信頼して任せたんですから、うまくやったらどんどん褒めましょう。よく、人には叱られて伸びるタイプと褒められて伸びるタイプがいると言われますが、僕は自分が褒められると元気になるタイプなので、褒められたらみんなうれしいだろうと思って褒めちぎります。

一方、叱られて伸びるタイプとは、叱られても何も感じない人のことではありません。実は、指摘されたことを前向きに受け止め、責任感が強いからこそ伸びる貴重な人材なのです。頑固な一面もありますが、納得したうえで行動を改めようとします。打たれ強いから大丈夫だなどと悪い点ばかり指摘するのは大間違いです。

部下が失敗したらきちんと問題点を指摘すべきだが、
いつまでも引きずらない

5

謝るときを知る

叱る話の次は、立場が逆転して、こちらが叱られる番です。リーダーだから偉そうにしていなくてはいけない――そんな思い違いをしていませんか？僕はむしろ、リーダーは謝る勇気を持った人だと思っています。

この世に完璧な人間はいないのですから、誰でも間違うことはあります。だから、謝らなければいけないときは謝らないといけない。立場が上だからとか下だからとか、親だから子どもだからとかは、関係ありません。いわんや性別や国籍はまったく関係ありません。

そして衝突があったときは、ごまかしたり、突っぱねたり、相手のせいにしないで、どちらかが誤りを認めればいいんです。すると、もう一方も、自分にも落ち度がありましたと言う。お互いが正直になれば、関係が決定的に壊れることもありません。

僕自身、いつも自分のことを振り返って、絶対偉そうにしてはいけないと戒めています。間違いを受け止める姿勢が欠けていると、周りがそっぽを向きますよ。部下がざっくばらんに指摘してくれなくなったら大変です。

特に年齢を重ねると、物忘れと頑固さが増してくるから要注意。「あのとき、こう言ったじゃありませんか」って気付かせてくれないと、リーダーは裸の王様に転落してしまいますから。

自分の間違いに気付いたら、素直に「申し訳ありません」と認めることができるかどうかで、人としての価値が決まる。

と言えるのではないでしょうか。

リーダーに自分の間違いを受け止める姿勢があれば
部下も安心してものが言え、裸の王様にならない

6

チーム代表の叱られ役

部下の失敗は、責任問題に結び付けがちです。しかし、第1章の繰り返しになりますが、おおらかに「オレが責任を持つから、お前は自由にやってこいよ」と言うのがリーダーではないでしょうか。

例えば入社2、3年目の人が、自分の意見を言う相手はというと、チームのリーダーですよね。リーダーは意見が出たら、絶対押しつぶしてしまってはならない。よく耳を傾け、いいものはちゃんと吸い上げる。そして、

責任を持つからには、上司に対して、チームを代表して堂々と意見が言える人間がリーダーだし、その結果、叱られるのは部下ではなく、リーダーの役割である。

だからといってリーダーのさらに上司は、決してリーダー一人がすべて悪

いと思っているわけではありません。そこはちゃんと見ていますよ。

リーダーがチームを代表して叱られることで部下の奮起が促され、チーム全体の士気が高まります。その結果、リーダーとしても働きやすくなるのです。

世の中には、部下の意見を自分の意見にすり変えて手柄にしたり、ねじ曲げてしまう人間がいるかもしれないし、自分の立場を守ろうとして「私は悪くありません。この人のせいなんです」と言う「逃げるリーダー」もいるかもしれません（そんな場合は、反面教師にするしかありません）。

これでは若い人たちがリーダーになろうと思わなくなってしまいます。間違ったリーダーが次世代のリーダーの芽を摘んでしまう。負の連鎖です。

組織がそうならないためには、会社側も失敗を広い心で受け入れてあげる土壌が必要です。環境を整え、バックアップしていく。皆さんが将来一段上のリーダーになったときのために、ぜひ覚えておいてほしいことです。

部下の失敗についてリーダーが叱られ役を引き受ければ、チームの士気が上がる

7

任せると報告は表裏一体

こんな質問が聞こえてきます――「『自由にやってこいがリーダーシップ』と言われても、部下に任せるって放っておけばいいんでしょうか。出来たら持ってくるようにとは言いましたけど」。

まず「任せる」と「放任する」は違うことを肝に銘じてください。

「任せる」とは「報告させる」と一対です。報告を聞かないのは「放任」。任せたことにならないのです。

プロジェクトにはスケジュールがあるはずです。スケジュールにも大事な報告をイベントとして組み込みます。そしてリーダーは、作業の途中では口出しをしないで、チェックポイントで経過報告を受け、それに対して修正の指示を出すようにします。ゴールまで報告・修正のプロセスを繰り返します。

これが「任せる」ということなのです。

ゴール間近までチェックもしないで、「時間がなくなったからしょうがない」などと言うのは、放任。もはや責任感のない人間だと言わざるを得ません。

では、今度は「任される」立場の人間になって、その心理を考えてみましょう。「私、この仕事を任されたんだ！」と、ちょっと誇らしい気持ちになっているんじゃないでしょうか。「任せる」の一言は「信頼されている」モチベーションにつながっているはずです。両者が信頼し合っていれば、わざわざ「報告を怠るな」と言わなくても、「聞いてください！」と報告したくなるじゃありませんか。

そして、報告しやすくなるよう、チームにオープンな雰囲気を作りましょう。それには、常日頃から部下の悩みや失敗を「聴く」習慣を付けるのが効果的。あなた自身が上司に報告している姿を見せたり、その様子を聞かせるのもいいでしょう。

部下の動きが気になるでしょうが、重要なプロジェクトであれば、リーダーはさらに自分の上司に進捗状況を報告する義務がある場合も多いはず。あなたも「煙たい上司だから黙って進めよう」としていませんか？　ちゃんと報告すべきです。「ここまでOKでしょうか。次に進みます」と。それが、後で一からひっくり返されないための知恵でもあるのですから。スマートなリーダーは、上司の操縦術もうまいのです。

「任せる」と「報告する」は一対。
チームが機能するための大前提

8

やわらかあたまで未来を考える

一段上のリーダーになると、次第に現場の仕事を離れ、部下に任せるようになります。現場の仕事とは、昨日や今日や明日を考えること。昨日は進まなかった、今日はうまくいった、明日もうまくやろう。

こうした勤勉さは絶対欠かせないことですし、素晴らしいことですが、これだけで終わってしまっては、今日も明日も、昨日とほとんど同じ。ちっとも会社は成長しないのです。そこでもっと先のことを考えることが求められます。

普段と違うことに頭を使う時間が必要ですから、ロキグループでは、会社の未来のイメージを明確にするために、3カ月に1度、部門長以上の幹部を集めて会議を開いています。言わば、トップリーダーが「夢を語る会議」です。

その名も「フューチャーミーティング」。ＳＦ映画みたいで、すごいネーミングでしょう。会議の名前も大切だということですね。この会議はもう15年ほど続けています。中長期計画もこの席で策定していますし、新規事業をみんなで考える場でもあります。

ワインを製造する！　タオルを開発する！　熱帯魚の水槽を売り出す！　ビジネスに直結しなくてもいいんです。頭を柔らかくすることの方が重要。今やっていることと違うことに興味を持つと、それが蓄積して、将来の会社の財産になっていくと思っています。

当社の行動指針にも「やわらかあたま」を加えました。平仮名だと、いかにも柔らかい感じでしょ？　さらに頭の中で使っていない部分を使おうと、ポスターを作って社内に張り出すことにしました。

また、どんな会社にもルールがあって、昨今はとにかくルールを100パーセント守ろうとします。それは結構なことですが、そもそもルールとは、みんなが気持ちよく働くという目的のための便宜的な手段であったはずです。

だから、ルールを柔軟に変えられるようにしておくことの方が、もっと大切です。定年のように絶対的に考えられていたルールだって、60歳を70歳にしようとしているぐらいですから。

「朝令暮改は善」と言い切った人がいます。なるほどと、うなりました。約束は守らなくていいという意味じゃないですよ。

チームリーダーも同じです。頭を柔らかくしないと、遅かれ早かれ行き詰まってしまう、時代に置いてけぼりにされることに気付いてほしいのです。現場仕事を脇に置いて、先のことを考える時間をぜひ作るようにしてください。

頭を柔らかくし、今やっていることと違う
未来を考えるのもリーダーには必要

あとがき
～誰もがリーダーになれる～

僕のリーダー論もいよいよおしまいまで来ました。お読みになっていかがでしたか。私にもできそうだ、やってみたいと思っていただけたら本望です。

僕は、幼いころの楽しく遊びたい気持ちが、会社に入ってからも、経営者になった今も続いています。「みんなで会社を楽しくしていこうぜ。僕の考えはこうだ、僕はこうやろうと思う。みんなはどうやりたい?」

つまり、チームの動きをよく見渡して思いを伝え、率先して一歩前を進むことで、チームの結束とモチベーションが徐々に高まっていく。リーダーの存在理由はそこにあると僕は思っています。

皆さんが子どもだったころの友だちは、今どうしているか考えてみることはありませんか？　やんちゃな子も泣き虫も、会社に就職した人も家業を継いだ人も、それぞれの人生で、きっと懸命に道を切り開いているんじゃないでしょうか。同窓会で再会したら、一人前の顔をして、ためになる経験談を聞かせてくれることでしょう。

いろいろとアドバイスをしましたが、僕がこの本を書いたのは決して人に言われるがままの型にはまったリーダーになってほしかったからではありません。「あなたでなくちゃ」と言われるようなリーダーになってほしいと思ったからです。

ぜひ、型破りのリーダーになってください。いろんなリーダーが腕を振るい、競い合う会社。みんなで作り上げていこうではありませんか。

社内ポスター

ロキグループでは、行動指針などを浸透させるため、ポスターを作成して社内に掲示している。

当社主力製品のフィルターカートリッジをモチーフにしたイメージキャラクター「スマッキー」を登場させるなど、ビジュアルやデザインにも工夫を凝らし、親しみやすさを演出。

GROUP
当たり前のことを
当たり前に!

私たちは、個人の能力を高め、顧客のベネフィットを向上させるために、何から始めたらよいのでしょうか?

クイックレスポンス、期限の厳守、当たり前ではありませんか?

報告、連絡、相談、当たり前ではありませんか?

当たり前のことができる人を特別な人だ、と勘違いしていませんか?

当たり前のことを当たり前に行動する、ここがスタートラインではありませんか?

さあ、身の回りのことから始めましょう!

GROUP
ATTARAMONDA
あったらもんだ宣言
あったらもんだ ATTARAMONDA
当グループ発祥の地（富山県）の方言で「もったいない」
「あったらもんだ」を
ロキグループの環境標語として宣言し、
地球の環境保護に
一歩一歩貢献していく事を誓います。
Reduce Reuse Recycle
環境 3R・Respect・ROKI・もったいない・あったらもんだ

石橋はダッシュで渡る!!
悩んでいないでまず動け!
石橋を叩いて渡ることも大切ですが、慎重になりすぎてはチャンスを逃すこともあります。夢への道のりには、橋を渡らなければならない場面が幾度もあります。「ロキイズム」という志を胸に、勇気をもって踏み出しましょう。
GROUP

「国境なきROKI【jin】《ロキジン》」
ROKI【jin】 Without Borders
私たちのビジネスは、世界がフィールド。
一歩を踏み出さなければ、何も始まらない。
チャレンジしよう、全力で。
飛び出そう、ボーダーレスに。
Our business field is the world.
If you don't take the first step, nothing will happen.
Try your best.
Jump out to the borderless world.
GROUP

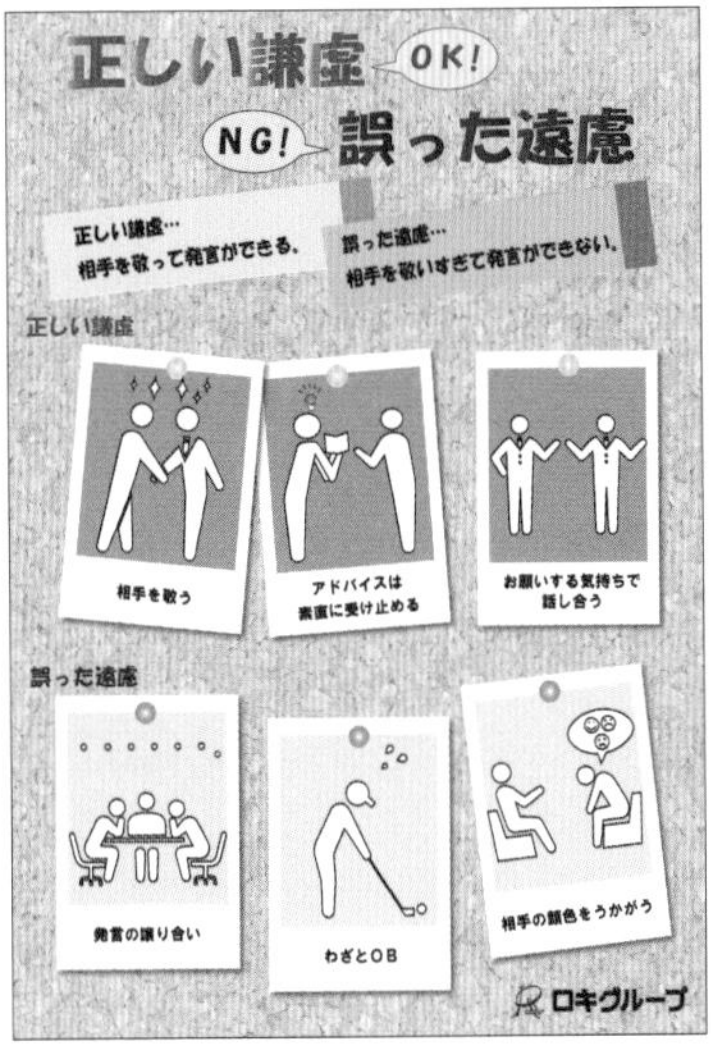
正しい謙虚
OK!
NG!
誤った遠慮
正しい謙虚…
相手を敬って発言ができる。
誤った遠慮…
相手を敬いすぎて発言ができない。
正しい謙虚
相手を敬う
アドバイスは
素直に受け止める
お願いする気持ちで
話し合う
誤った遠慮
発言の譲り合い
わざとOB
相手の顔色をうかがう
ロキグループ

anytime
omotenashi
お取引先様を大切に
相手の気持ちを大切に
一緒に働く仲間を大切に
家族を大切に
あいさつを大切に
正しい言葉遣いを大切に
時間を大切に
資源を大切に
自分の健康を大切に
smileを大切に
茶
茶
ロキグループ

先入観や固定概念、常識などに固執するあまり、
時代においてけぼりになっていませんか？
「かたいあたま」の殻を破って、新しい自分を探そう！
やわらか
soft brain
あたま
柔軟な発想、新しい考え方を持ち、変化し、
「やわらかあたま」で行動しましょう！
ロキグループ

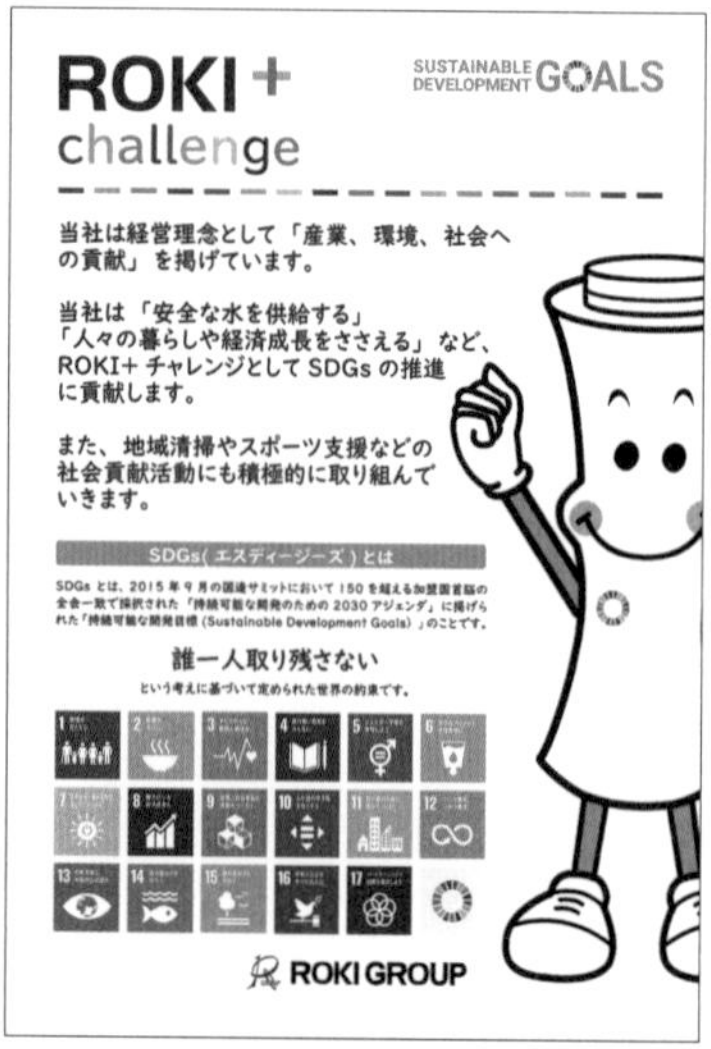
ROKI＋
challenge
SUSTAINABLE DEVELOPMENT GOALS
当社は経営理念として「産業、環境、社会への貢献」を掲げています。
当社は「安全な水を供給する」「人々の暮らしや経済成長をささえる」など、ROKI＋チャレンジとしてSDGsの推進に貢献します。
また、地域清掃やスポーツ支援などの社会貢献活動にも積極的に取り組んでいきます。
SDGs（エスディージーズ）とは
SDGsとは、2015年9月の国連サミットにおいて150を超える加盟国首脳の全会一致で採択された「持続可能な開発のための2030アジェンダ」に掲げられた「持続可能な開発目標（Sustainable Development Goals）」のことです。
誰一人取り残さない
という考えに基づいて定められた世界の約束です。
ROKI GROUP

ロキグループ 会社概要

▼ロキグループの中核企業である（株）ロキテクノは、1978年に産業用精密ろ過フィルターのメーカーとして誕生しました。▼1981年、当時の技術では難題とされていた磁気塗料用フィルターカートリッジの開発に成功し、日本国内の磁気テープメーカーの大半に採用されたことを皮切りに海外でもシェアを広めたことが、ロキグループ発展のきっかけとなりました。▼その後もエレクトロニクス、食品・飲料、製薬など幅広い産業界の要望に応えた製品を提供し続けることでお客様から厚い信頼を獲得し、事業を拡大してきました。▼2013年、（株）ロキグループを親会社とするホールディング体制へ移行し、今では、国内に5カ所（東京、富山、名古屋、神戸、福岡）、海外に4カ所（マレーシア、シンガポール、アメリカ、韓国）の拠点を持ち、グローバルに成長を続けています。▼2020年には世の中のマスク不足の解消の一助として不織布マスクの生産・販売も開始し、固有技術を武器に、「ものづくり」と「ゆたかなくらし」に貢献し続けています。

事業内容

フィルトレーション事業

各分野の製造工程で使用されるフィルター製品、ハウジング製品の開発・製造・販売
◎エレクトロニクス分野（セラミックコンデンサ、フラットパネルディスプレイ、二次電池など）◎ファインケミカル分野（エレクトロニクス用高純度化学薬品、感光性材料、機能性インクなど）◎ケミカル分野（無機／有機ケミカル、樹脂原料など）◎一般産業分野（化粧品、洗剤、メガネレンズなどの家庭用製品、塗料・インキなど）◎食品・飲料分野（アルコール飲料、調味料、清涼飲料・その他食品など）

システムソリューション事業

各分野の製造工程で使用されるオゾン装置、水処理システムの開発・製造・販売
◎エレクトロニクス分野（液晶パネルの洗浄、記録メディア金属酸化膜形成、ウェハーの洗浄）◎一般産業分野（フィルム表面改質、繊維の漂白）◎食品・飲料・製薬分野（製造用水の殺菌、チャンバー内殺菌、充填容器の洗浄・殺菌、食材の殺菌）◎水処理・環境分野（純水装置・超純水装置など造水プロセス、汚泥減容、冷却水の殺菌、VOC除去、雨水再利用、NOX除去、工業排水の脱臭・脱色）

コンシューマー事業

日本国内でデザインギフト商品、一般消費者向け浄水器、加湿器、不織布マスク等を企画・販売
◎取扱いブランド・IKOR・TRO IKA・Zipit・Luckies・UCON ACROBATICS・EKOBO など

ロキグループのフィルターカートリッジはさまざまな身近な製品の製造工程で使われています。また、フィルターカートリッジで培ったろ過技術を生かした一般家庭向け製品も提供しています。

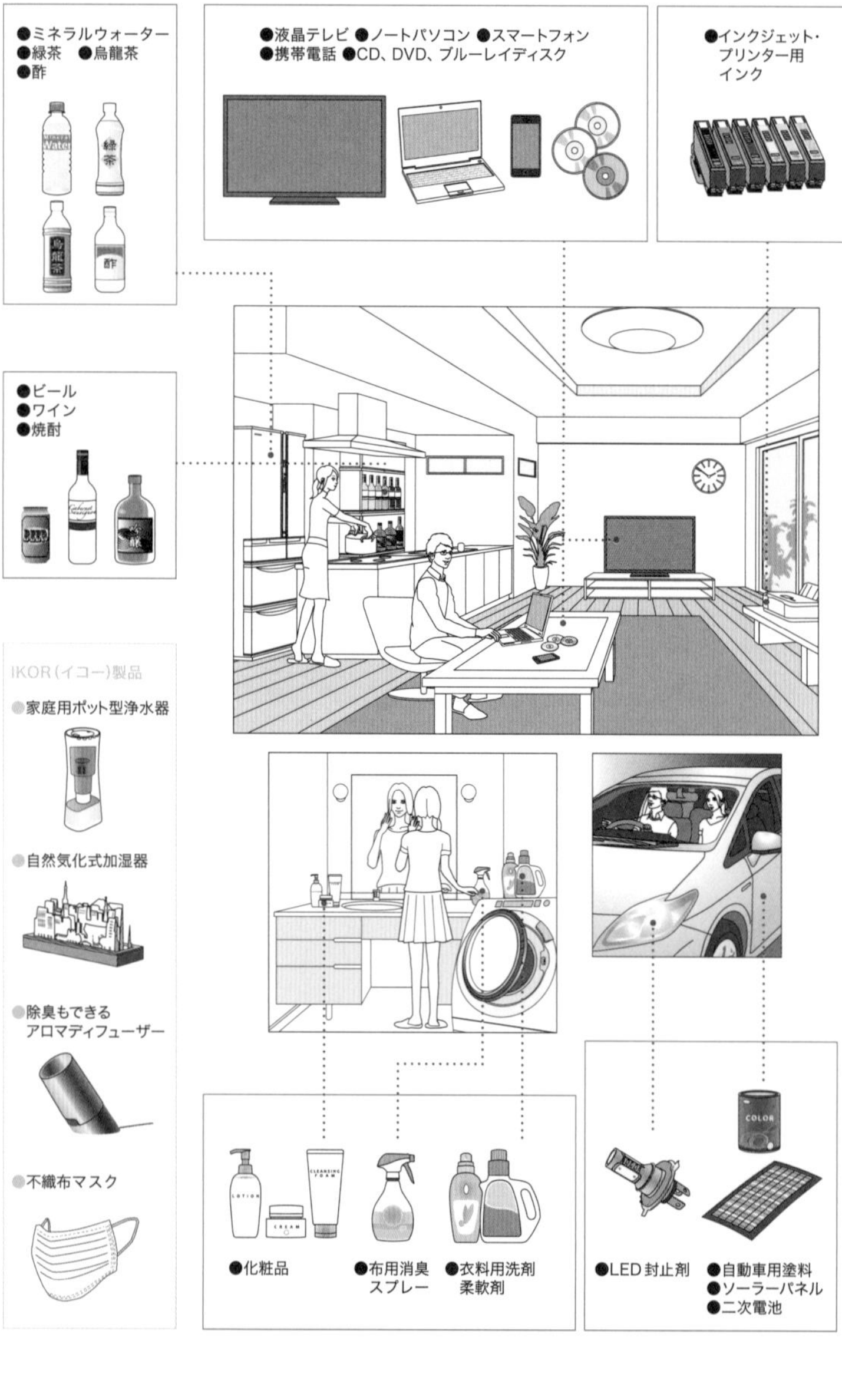

会社沿革

1978年　東京都大田区に日本濾器株式会社を設立。難題とされた磁気塗料用フィルターカートリッジの開発に着手。

1981年　高度な分級技術を利用した磁気塗料用フィルターカートリッジの開発完了。日本国内の磁気テープメーカーを皮切りに、韓国、ドイツ、アメリカ等の主要メーカーにも相次いで採用され、短期間で世界市場を席巻。

1984年　富山県中新川郡に北陸工場（現・北陸事業所ヒエダ製造部）を新設、ワインド型デプスフィルターカートリッジ（糸巻式）の原料から製品に至る一貫生産体制を築く。

1985年　独自のカプセルタイプフィルターの開発に着手、磁気テープメーカーに提案。

1988年　生ビール化が進む国内ビール業界向けにサーフェイス型フィルターカートリッジを出荷開始。

1990年　福岡県八女郡に八女工場（現・九州事業所）を新設。

1991年　商号を株式会社ロキテクノに変更。

1994年　日本証券業協会に店頭登録し、現JASDAQ市場に株式を公開。

2003年　「第二創業元年」と銘打ち、MEBOによる経営改革に着手（JASDAQ上場を廃止）。

2006年　経済産業省「元気なモノ作り中小企業300社」に北陸工場が選出される。
長野県軽井沢町に研修施設兼保養所「軽井沢スタディセンター」完成。

2010年　シンガポールにアジア展開の拠点を設立（現・ロキグループインターナショナル）。

2012年　東南アジア地域の売上拡大のため、マレーシアにロキS&S・マレーシアを設立。
産業用フィルターで培った技術を生かし、コンシューマー向けブランド「IKOR」を発表。

2013年　ロキグループホールディングス株式会社（現・株式会社ロキグループ）を設立、ホールディング体制を構築。
大韓民国にロキテクノ韓国（現・ロキS&S・韓国）を設立。

2014年　独自性があり革新的な製品・技術を生み出す場として、横浜ものづくりセンターを新設。
米国にロキS&S・アメリカ（現・ロキS&S・アメリカス）を設立。

2017年　営業所を再編し、東京、富山、名古屋、神戸、福岡の国内5拠点体制に拡大。
会社分割により日本国内の販売を担う「株式会社ロキテクノマーケティング」を設立。

2018年　トロイカ株式会社を子会社化（現：株式会社トロイカジャパン）。

2019年　三田オフィスを開設し、ロキテクノマーケティング東京営業所、トロイカジャパン本社が移転。

2020年　富山県滑川市に日本国内3拠点目となる北陸事業所を新設。
不織布マスクの開発に着手、生産・販売開始。

［著者］
伊東 伸（いとう・しん）
株式会社ロキグループ 代表取締役会長 兼 社長 兼 最高経営責任者（CEO）
1964年福岡県生まれ。米国留学後、外資系企業勤務を経て、1993年に株式会社ロキテクノに入社。営業部門を中心に経験を積む。営業二部部長、営業担当執行役員、常務取締役を経て、2007年に代表取締役社長、2017年より、ロキテクノ、ロキテクノマーケティング、ロキグループインターナショナル、トロイカジャパンなどの7社を束ねる現職に就任。グループを「ロキイズム」のもとに牽引し、100年を越えて存在し続ける「100年企業」を目指す。

笑うリーダー
リーダーシップが身につく24のヒント

2020年10月27日　第1刷発行

著　者——伊東 伸
発行所——ダイヤモンド社
〒150-8409　東京都渋谷区神宮前6-12-17
https://www.diamond.co.jp/
電話／03･5778･7235（編集）　03･5778･7240（販売）
装丁————梨木崇史
製作進行——ダイヤモンド・グラフィック社
印刷————加藤文明社
製本————ブックアート
編集協力——エディターシップ
編集担当——小出康成

ISBN 978-4-478-10812-3